Einsterns Schwester

4

Arbeitsheft

Herausgegeben von
Roland Bauer
Jutta Maurach

Erarbeitet von
Katrin Baudendistel, Daniela Dreier-Kuzuhara,
Wiebke Gerstenmaier, Sonja Grimm,
Annette Schumpp, Jutta Sorg

Cornelsen

Inhaltsverzeichnis

So kannst du mit den Heften arbeiten

Du machst alle
Seiten der Lernportion 1.

Zuerst im grünen Heft.	Dann im roten Heft.	Dann im gelben Heft.	Und dann im blauen Heft.

Danach machst du in
allen Heften die Lernportion 2.

Nun machst du in
allen Heften die Lernportion 3.

Genauso bearbeitest du
alle anderen Lernportionen.

Zu jeder
Lernportion
kannst du
im Arbeitsheft
arbeiten.

Dieser Hinweis zeigt dir,
welche die passende Seite
im Themenheft ist.

Pronomen verwenden

9

1 Setze im Gedicht „Wir“ von Irmela Brender die fehlenden Pronomen ein. Verwende ich – du – dir – dich – mir – mich – wir.

Wir

Ich _____ bin ich und du _____ bist du.
Wenn _____ rede, hörst _____ zu.
Wenn _____ sprichst, dann bin _____ still,
weil _____ _____ verstehen will.
Wenn _____ fällst, helf _____ _____ auf,
und _____ fängst _____, wenn _____ lauf.
Wenn _____ kickst, steh _____ im Tor,
pfeif _____ Angriff, schießt _____ vor.
Spielst _____ pong, dann spiel _____ ping,
und _____ trommelst, wenn _____ sing.
Allein kann keiner diese Sachen,
zusammen können wir viel machen.
Ich mit _____ und du mit _____ –
das sind _____.

Irmela Brender

2 Lies den Textausschnitt. Schreibe neben die Bildchen im Text die passenden Pronomen. Verwende er – sie – ihm – ihn – ihnen.

Nils Holgersson

Die anderen Wildgänse rieben ihre Schnäbel an  ihm _____ und drängten sich schnatternd an  _____.  _____ wünschten  _____ alles Gute und viel Glück und der Junge dankte  _____ vielmals für die wunderbare Reise, die  _____ in ihrer Gesellschaft hatte machen dürfen.

Selma Lagerlöf

Die vier Fälle des Nomens verwenden

1 Fülle die Tabelle aus. Trage die Nomen in den vier Fällen mit Artikel ein.
Ergänze auch ein eigenes Nomen.

	1. Fall: Wer-Fall	2. Fall: Wessen-Fall	3. Fall: Wem-Fall	4. Fall: Wen-Fall
	der Ball			

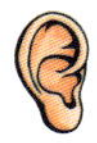				

2 Finde heraus, in welchem Fall die unterstrichenen Nomen verwendet werden.
Markiere sie in folgenden Farben:

der Wer-Fall **der Wessen-Fall** **der Wem-Fall** **der Wen-Fall**

Die Klassen der Grundschule planen wieder das große Fußballfest. Die Jungen und Mädchen können das Turnier kaum erwarten. Schon lange vorher beginnen sie, das Ereignis zu planen. Sie schauen nach, ob die Fußbälle und die Trikots vollständig sind. Es soll den Kindern und auch den Erwachsenen Spaß machen. Sie laden auch die Schulen der Nachbarorte ein. Bestimmt werden die Gäste wieder sehr zahlreich teilnehmen.

Die Kinder haben viele gute Ideen und die Lehrerinnen und Lehrer sind begeistert. Die Eltern backen die Kuchen und besorgen die Getränke.

Erwartungsvoll beobachten sie den Wetterbericht. Sie hoffen, dass die Sonne scheint. Tatsächlich ist der Himmel wolkenlos und blau. Das Turnier verläuft wunderbar und die Sportlerinnen und Sportler applaudieren den Veranstaltern zu.

3 Welches Satzglied hast du blau unterstrichen?

Mit dem Wörterbuch arbeiten

1 Lies die Beispiele der Wörterbucheinträge.
Schreibe dann zu den drei Wörtern unten eigene Wörterbucheinträge.

kurz, kürzen, die Kürze, die Kürzung, kürzlich, der Kurzschluss, kurzsichtig, den Kürzeren ziehen

rech|nen, er rechnete, das Rechnen, die Rechnung

der **Grund,** die Gründe, begründen, gründlich, das Grundstück

kühl

verletzen

die Spur

2 Markiere den Wortstamm farbig.

süß, süßen, die Süße, die Süßigkeit

der **Krampf,** die Krämpfe, krampfhaft, verkrampft

pa|cken, sie packte, auspacken, einpacken, die Packung, das Päckchen

der **Rhyth|mus,** die Rhythmen, rhythmisch

3 Schreibe diese Wörter auf. Schlage die Schreibweise im Wörterbuch nach.

4 Schlage die Trennung der Wörter nach und zeichne die Trennstriche ein.

tropfen ✶ sinken ✶ schätzen ✶ wecken ✶ retten ✶ sozial ✶ teuer ✶
Revolution ✶ Sopran ✶ empfangen ✶ Rhythmus ✶ Tacho ✶ Station

Fremdwörter aufschreiben und erklären

1 Löse das Buchstabenrätsel mit französischen Wörtern mithilfe des Wörterbuchs.

Anderes Wort für Geldbeutel:	P o _ _ _ _ _ _ _ _ i e
Ein Pilz, den wir häufig zum Kochen verwenden:	C h _ _ _ _ _ _ _ _
Ein Mitbringsel von einer Reise:	_ _ _ _ _ _ _ _
Typisch französisches Weißbrot:	B _ _ _ _ _ _ _
Dort kann man gemütlich Kaffee trinken und Kuchen essen:	_ _ f é
Im Sommer ist in den meisten Reiseländern Hoch-…	S _ _ _ _ _
Er schneidet die Haare:	_ _ _ _ _ _ _
Dort hängen wir Jacken und Mäntel auf:	_ _ _ _ _ _ _ _ _
Eine Süßigkeit zum Lutschen:	_ _ _ _ _ _

2 Suche für die Fremdwörter ein deutsches Wort.

Adjektiv: ____________ Computer: ____________

Monitor: ____________ TV: ____________

Inlineskates: ____________ CD-Player: ____________

3 Erkläre zwei der Fremdwörter mit eigenen Worten.

Popcorn ✶ Pasta ✶ Pommes ✶ Pizza ✶ Ketschup

____

____

____

____

Mit dem eigenen Namen spielen

Ein Anagramm ist das Umstellen der einzelnen Buchstaben eines Wortes zu neuen Wörtern.

Beispiel: P A L M E — L A M P E

L E I D — L I E D

1 Schreibe mit den Buchstaben deines Vornamens ein Anagramm.

a) Notiere zuerst alle Buchstaben deines Namens nach dem Alphabet.

b) Probiere nun aus, wie man aus diesen Buchstaben eine neue sprechbare Lautfolge machen kann.
Es kann auch ein Fantasie-Name werden.

2 Stelle auch Anagramme aus folgenden Wörtern her.

Nebel – B

Lager –

Mehl –

1 Lies die Tipps und fülle die Liste aus.

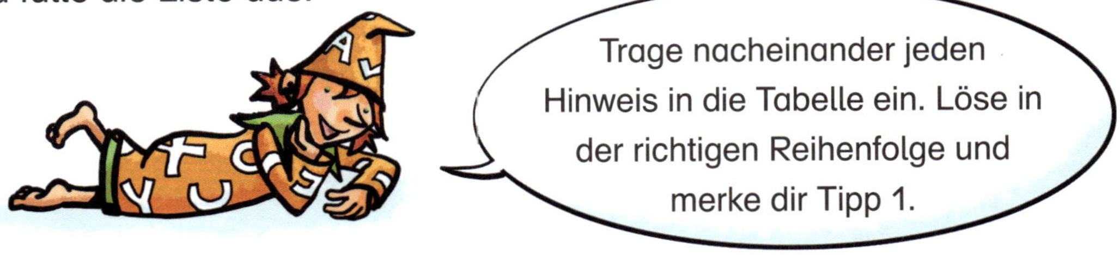

So beginnst du:
Lies alle Tipps nacheinander.
Lies Tipp 2 und mache in der Spalte für die Klasse 3b einen ✓ für all das, was die Klasse anbietet. In allen anderen Kästchen dieser Zeilen (→) machst du einen Strich.
Wenn die Klasse in einem Bereich bereits einen Haken hat, kannst du die anderen Felder dieses Bereiches für die Klasse auch streichen.
Lies nun Tipp 3 und gehe genauso vor.

Tipp 1: Jede Klasse bietet aus jedem Bereich eine Sache an: **Verpflegung**, **Spiel & Spaß**, **Sport** und **Basteln**.

Tipp 2: Die Klasse 3b organisiert den Pizzastand, das Glücksrad, die Pedalo-Rallye und bastelt mit den Gästen Kaleidoskope.

Tipp 3: Die Klasse 4a bietet das Basteln von Rasseln sowie die Schwammschleuder und einen Getränkestand an. Aber um die Grillwürste, das Einradfahren und das Jonglieren kümmert sie sich nicht.

Tipp 4: Die Klasse 4b bietet weder Waffeln noch Fingerpuppen an. Um das Eierlaufen kümmert sie sich auch nicht.

Tipp 5: Um das Dosenwerfen, den Waffelstand und das Einradfahren kümmert sich die Klasse 3a. Sie organisiert das Basteln von Fingerpuppen, aber nicht das Flechten von Freundschaftsbändern.

Tipp 6: Das Eierlaufen wird von der Klasse 4a veranstaltet.

		Kl. 3a	Kl. 3b	Kl. 4a	Kl. 4b
Verpflegung 	Waffeln				
	Getränke				
	Pizza	–	✓	–	–
	Grillwurst				
Spiel & Spaß 	Schminken				
	Schwammschleuder				
	Glücksrad				
	Dosenwerfen				
Sport 	Eierlaufen				
	Pedalo-Rallye				
	Einradfahren				
	Jonglieren				
Basteln 	Fingerpuppen				
	Kaleidoskope				
	Rasseln				
	Freundschaftsbänder				

2 Schreibe auf, was die Klasse 4b zum Schulfest beiträgt.

Die Klasse 4b baut zum Schulfest den Stand für Grillwurst ______ und

für das ______________ auf. Sie bietet die Station ______________

und das Basteln von ______________________ an.

Verben in Aufforderungssätzen finden

1 Streiche die Sätze durch, deren Verb nicht in der Aufforderungsform steht.

2 Unterstreiche die Verben in der Aufforderungsform und setze in den Aufforderungssätzen die richtigen Satzzeichen.

1 Lies oder singe den Liedtext und zeichne die Silbenbögen ein.

Pippilotta Viktualia Rollgardina Schokominza
Ephraims Tochter Langstrumpf

Zwei mal drei macht vier, widewidewitt und drei macht neune,

ich mach mir die Welt, widewide wie sie mir gefällt.

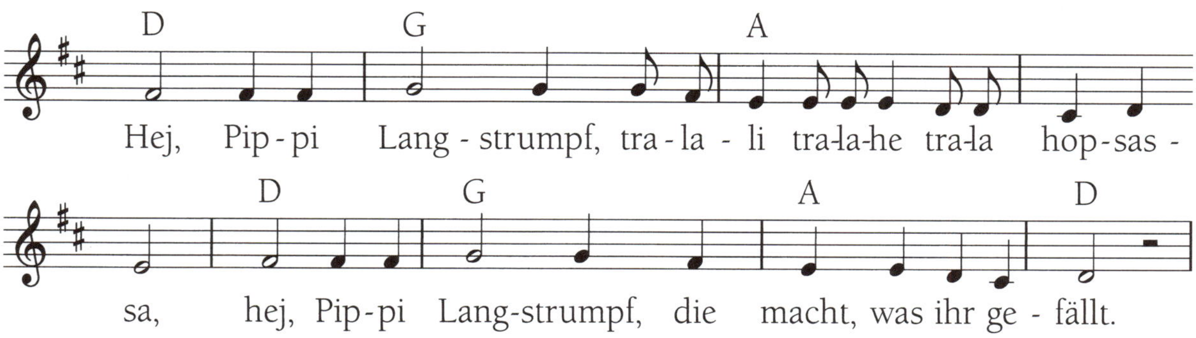

Drei mal drei macht sechs, widewide wer will's von mir lernen?

Alle, Groß und Klein, tralalala lad' ich zu mir ein.

Ich habe ein Haus, ein kunterbuntes Haus,

ein Äffchen und ein Pferd, die schauen dort zum Fenster raus.

Ich habe ein Haus, ein Äffchen und ein Pferd,

und jeder, der uns mag, kriegt unser Einmaleins gelehrt.

Text: A. Lindgren
Musik: J. Johansson, K. Elfers

2 Sprich Pippis kompletten Namen in Silben, decke ihn ab und schreibe ihn aus dem Gedächtnis auf. Kontrolliere mithilfe der Silbenbögen.

Mit Silben arbeiten 2

1 Ergänze in Pippis Seeräuber-Lied die fehlenden Silbenkerne.

Seeräub e r-Op ___ Fabi ___ n
trieb s ___ manch ___ n Schabern ___ ck,
kreuz und qu ___ r auf d ___ m Oze ___ n,
tjoa hadelitan j ___ k.

S ___ r ___ ber- ___ pa F ___ b ___ an
war bek ___ nnt auf der g ___ nzen W ___ lt,
er r ___ bte Geld von j ___ dem K ___ hn,
tjoa hadelitan d ___ lt....

2 Trage die fehlenden Silben ein.

„Prima“, sagte Pippi. „Der Schrecken des Karibischen Meeres, das wol len wir beide wer ___, Thomas. Wir rau ___ Gold und Ju ___ len und Edel ___ ne und tief drinnen in ei ___ Höhle ha ___ wir ein Versteck für un ___ re Schät ___, auf einer un ___ wohnten In ___ im Stillen O ___ an, und drei Gerip ___, die die Höh ___ bewa ___. Und eine Fah ___ ha ___ wir mit einem ___ tenschädel drauf und zwei gekreuzten Kno ___, und dann sin ___ wir „Fünfzehn Gespenster“, so dass man es von einem En ___ des Atlantischen O ___ ans bis zum andern hört, und al ___ Seefah ___ werden ganz blass, wenn sie uns ___ ren, und ü ___ legen, ob sie sich nicht ins Meer stür ___ sollen, um unserer blu ___ gen, blutigen Ra ___ zu entge ___!“

3 Male die Silben der Antworten in der richtigen Farbe aus.

Dort wohnt Pippi	Vil	ner	ber		
So heißt Pippis Pferd	Klei	la	On	ter	a
So heißt das Segelschiff von Pippis Papa	Hop	räu	Kun	li	se
Das möchte Pippi einmal werden	See	tu	a	kel	bunt
Pippis zweiter Vorname	Vik	pe	tos		

Merkmale einer E-Mail kennen lernen

9

1 Trage die Angaben an der richtigen Stelle ein.

Schulstraße 7 | 0177-123456 | E-Mail für Einsterns Schwester

Lola Mauracher | 77123 Nirgendwo | lola@einsterns-schwester.de

E-Mail: lola ______________________

Handy: ______________________

Brief: ______________________

2 Ergänze die Betreff-Zeile der beiden E-Mails.

An: maxi.lehmann@ini.de

CC: ______________________

Betreff: ______________________

Liebe Maxi,
magst du Montag nach der
Schule zu mir kommen?
Liebe Grüße
Isa

An: leomann@eins.com

CC: ______________________

Betreff: ______________________

Lieber Leonhard,
hast du Lust auf eine Radtour
am Wochenende?
Sag Bescheid,
Jonas

3 Übe das Schreiben des @-Zeichens (ausgesprochen: ät).

@ @ @

Anredepronomen finden und unterscheiden

1 Trage die richtigen Anredepronomen ein.

Von: Ina
Betreff: Geburtstag
An: elsa.boell@xyz.de

Liebe Oma,

vielen Dank für dein ________ tolles Geschenk zu meinem Geburtstag. fudhuk. Das war eine echte Überraschung, als ________ Päckchen ankam. Ich war :-). Noch schöner wäre es gewesen, wenn ________ selbst gekommen wärst. Aber ich weiß, dass ________ Bein noch nicht wieder richtig in Ordnung ist. Über dein Foto musste ich lol. Ich wünsche ________ weiterhin gute Besserung.

hdl, Ina

Von: Alexa Grund
Betreff: Einladung
An: martin.wiese@zyx.de

Lieber Herr Wiese,

zu unserer nächsten Verkaufsaktion laden wir ________ herzlich ein. Wir stellen ________ die aktuellen Produkte unseres Unternehmens vor. Bei Kaffee und Kuchen beantworten wir alle ________ Fragen. Selbstverständlich können ________ auch gern mit der ganzen Familie kommen. Bitte melden ________ sich und ________ Familie rechtzeitig bei uns an.

Mit freundlichen Grüßen

Alexa Grund

2 Übersetze die Abkürzungen.

fudhuk fall ________

:-) ________

lol ________

Informationen in einem Flyer finden

13

1 Lies und markiere alle Medien, die du in dieser Bibliothek ausleihen kannst.

Was muss ich für das Ausleihen bezahlen?

Für das Ausleihen von Büchern und Heften musst du nichts bezahlen. Willst du auch DVDs, CD-ROMs, CDs oder Spiele ausleihen kostet das einmal im Jahr 3,00 €.

Wie komme ich denn an einen Bibliotheksausweis?

In der Kinder- und Jugendbibliothek bekommst Du eine Anmeldekarte, die Deine Mutter oder Dein Vater unterschreiben. Du bekommst dann einen Ausweis von uns, den Du zur Ausleihe immer brauchst. Wenn Du umziehst oder den Ausweis verloren hast, melde das sofort in der Bibliothek. Ein Ersatzausweis kostet 2,50 €.

Und wie funktioniert das Ausleihen?

In die Bücher oder auf die Kassetten, Spiele oder CDs, die Du ausgesucht hast, stempelst Du mit dem bereitgestellten Stempel das Datum ein, an dem Du sie spätestens zurückbringen musst.

Wichtig!

Dann lässt Du die Bücher an der Theke verbuchen. Du darfst alle Medien 4 Wochen behalten. Einzige Ausnahme: Alle DVDs und die Zeitschriften aus der Lesestube musst Du nach 2 Wochen abgeben! Willst Du Deine Medien länger behalten, gib bitte in der Bibliothek Bescheid. Du kannst zum Verlängern der Ausleihfrist auch anrufen, oder es im Internet von zu Hause aus selbst erledigen. Für 1,00 € pro Titel kannst Du Dir auch etwas vorbestellen.

Aber aufgepasst!

Bringst Du die Bücher zu spät zurück, musst Du Mahngebühr bezahlen. In der Kinderbibliothek sind das je Buch, DVD, CD-ROM oder Kassette 1,00 € pro Woche, die Du zu spät bist. Alle Bücher, DVDs, Musik CDs, CD-ROMs und Zeitschriften, die Du aus der Erwachsenenbibliothek holst, kosten aber auch für Dich 1,50 € Mahngebühr pro Woche. Bitte behandle die Bücher ordentlich, es wollen noch viele andere Leute Freude daran haben. Transportiere die Bücher immer in einer Tasche. Hast Du einmal ein Buch beschädigt oder verloren, melde es bitte in der Bibliothek, es muss dann ersetzt werden.

2 Kreuze die richtigen Aussagen an.

- ○ Ein Ausweis für Kinder, die nur Bücher ausleihen möchten, kostet 2,50 Euro.
- ○ Wer auch andere Medien ausleihen möchten, muss 3 Euro im Jahr bezahlen.
- ○ Wenn man seinen Ausweis verloren hat, muss man das der Polizei melden.
- ○ Ein Ersatzausweis kostet 2,50 Euro.
- ○ Bücher und DVDs darf man zwei Wochen lang ausleihen.
- ○ Wenn man drei Bücher vorbestellen möchte, kostet das 3 Euro.
- ○ Wer ein Buch verloren hat, muss das der Bücherei melden und es ersetzen.

1 Lies das Interview aufmerksam durch.

Der Spurenleser

Spannende Berufe: Detlef Engel ist Spurensicherer

VON REGINE WARTH

Ihm bleibt nur wenig verborgen, denn Detlef Engel lässt Dinge sichtbar werden, die man normalerweise mit bloßem Auge nicht erkennen würde. Der 42-jährige Polizist arbeitet nämlich bei der Spurensicherung im Polizeipräsidium Stuttgart. Als solcher wird er immer wieder zu Tatorten gerufen, um Fingerabdrücke, Schuhabdrücke oder Haare zu sichern. Diese sollen helfen, die Tat aufzuklären.

Hallo Herr Engel, hinterlässt jeder Mensch Spuren?
Kommt darauf an. Manche stellen sich sehr geschickt an und hinterlassen fast keine Spuren oder solche, die man nur schwer erkennen kann. Die Aufgabe der Spurensicherer ist es dann, diese Spuren zu entdecken und zu sichern.

Was sind das für Spuren?
Das können Fingerabdrücke sein, Hautschüppchen, aber auch Schuhabdrücke oder Blut. Wenn jemand beispielsweise ein Fenster aufgehebelt hat, hinterlässt das Werkzeug, das er dazu benutzt hat, ebenfalls Spuren. Einer schlägt vielleicht eine Scheibe ein und bleibt dann mit dem Ärmel hängen. Dann bleiben Fasern von seiner Kleidung oder auch Blut zurück.

Aber viele Spuren sind doch so winzig klein, dass man sie mit bloßem Auge gar nicht erkennen kann. Wie sehen Sie diese trotzdem?
Wir können erst auch mal nur vermuten, dass sich irgendwo Spuren befinden. Wir suchen beispielsweise einen Fensterrahmen ab, ob dort jemand hingefasst hat. Oder wir sprühen einen Teppich mit Chemikalien ein, um herauszufinden, ob dort jemand versucht hat, Blutspuren auszuwaschen.

Was hat ein Mitarbeiter der Spurensicherung immer dabei?
Wir haben in unserem Koffer Wattestäbchen, um Blut oder andere Flüssigkeiten aufzunehmen. Eine Lupe ist dabei und auch ein Pinsel samt Rußpulver. Damit stäuben wir Tischplatten und Fensterrahmen ein, um zu sehen, ob jemand darauf Fingerabdrücke hinterlassen hat. Natürlich darf auch eine Taschenlampe nicht fehlen.

Warum tragen die Mitarbeiter der Spurensicherung einen Schutzanzug?
Zum einen, um uns nicht schmutzig zu machen, wenn wir am Tatort sind. Aber der Hauptgrund ist, dass wir so selber keine Spuren hinterlassen.

Wie sind Sie Spurensicherer geworden?
Zuerst muss man Polizist werden. Dazu kann man studieren oder eine Ausbildung machen. Um in der Spurensicherung zu arbeiten, muss man dann weitere Fortbildungen machen.

Wenn Sie so viel über Spuren wissen, dann wissen Sie sicher auch, wie man möglichst keine Spuren hinterlässt?
Ja, das verrate ich aber nicht. Sonst werde ich ja arbeitslos.

2 Kennzeichne die Antworten mit den passenden Farben.

Blau: Hier arbeitet Detlef Engel.

Gelb: Das ist seine Aufgabe.

Rot: Nach diesen Spuren sucht er am Tatort.

Grün: Das alles gehört zur Ausrüstung der Spurensicherung.

Braun: Diesen Beruf muss ein Spurensicherer zuerst lernen.

Verben in verschiedenen Zeitformen erkennen

1 Finde die Formen eines Verbs im Infinitiv, im Präsens, in der 1. Vergangenheit (Präteritum) und in der 2. Vergangenheit (Perfekt). Markiere sie mit der gleichen Farbe.

- ich gebe
- er hat genommen
- wir gaben
- fahren
- du läufst
- ihr habt gekauft
- nehmen
- du kauftest
- ihr lieft
- ihr seid gefahren
- wir nehmen
- (1) geben
- laufen
- er hat gegeben
- du nahmst
- kaufen
- ich fuhr
- es ist gelaufen
- sie fährt
- sie kaufen

2 Wähle drei Verben aus und trage sie in die Tabelle ein.

Präsens	1. Vergangenheit	2. Vergangenheit
ich gebe	wir gaben	er hat gegeben

3 Ergänze die Tabelle mit den Verben **sein** und **haben** in den zwei Zeitformen.

Infinitiv	Präsens	1. Vergangenheit
sein	er	wir
haben	ihr	ich

Verben in der Zukunft finden und bilden

1 Setze die Verben in der Zukunftsform in den Text ein.

Fahrrad fahren im Jahr 2050

Im Jahr 2050 werden ______ die Fahrräder ganz anders aussehen ______ als heute (aussehen). In den Fahrradfabriken ______ man alle Fahrräder mit einem Sonnenschutzdach ______ (bauen). Die Mechaniker ______ Räder für verschiedene Altersstufen ______ (entwickeln). Schon Babys ______ ein Krabbelrad mit 4 Pedalen ______ (bekommen). Alle Schulkinder ______ ein Turborad ______ (besitzen), mit dem sie nie mehr zu spät in die Schule ______ ______ (kommen). Das Lehrerkollegium jeder Schule ______ mit großen Teamrädern zur Schule ______ (fahren). Leute im Großelternalter ______ Sitzflächen mit der Bequemlichkeit eines Ohrensessels und mit Liegefunktion ______ (genießen). Jede Stadt ______ verschiedene Fahrradautobahnen ______ (einrichten).

2 Kreise die Verben farbig ein, die in der Zukunft stehen.

du wirst radeln	wir schieben	sie saust	du spaziertest
wir schreiten	er ist gerannt	du rolltest	es ist gewandert
er ist gelaufen	es wird gehen	ihr werdet eilen	ich werde trödeln
wir schlenderten	sie hüpften	er zog	ihr werdet rasen

Merkwörter mit ai

1 Schreibe die zusammengesetzten Wörter auf.

Wiesenrain

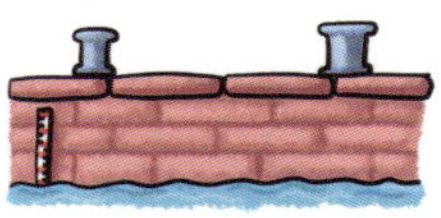

2 Schreibe die Fremdwörter auf. Alle Wörter enthalten ein **ai**.

Übungsleiter im Sportverein: Tr

Große Metallkisten, die auf Schiffen transportiert werden: C

Hauptreisezeit: S

Eine elektronische Post nennt man:

3 Finde die zwei Wörter mit **ai**. Schreibe sie auf:

    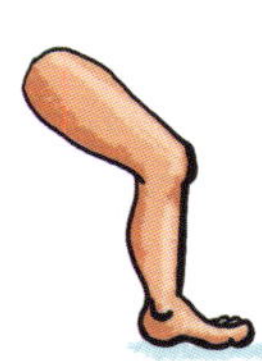 

Eine Erlebnisgeschichte ordnen

1 Lies die Textabschnitte durch und bringe sie in die richtige Reihenfolge. Trage die Zahlen und Rechenzeichen in die Tabelle unten ein. Es entsteht eine Rechenaufgabe.

Ein unvergesslicher Höhlenbesuch

–	Nur die Lichter der Taschenlampen zeigten uns den Weg. Mir wurde es zu eng und ich hatte Angst, weiterzukriechen. Ich zitterte am ganzen Körper und traute mich weder vor noch zurück. Ich war wie gelähmt und fragte mich, ob ich je wieder aus der Höhle kommen würde.	
3	Letzte Woche habe ich mit meiner Klasse einen Ausflug zur Wilden Höhle gemacht.	E
6	Zum Ausgang war es nicht mehr weit. Wir waren alle froh und stolz, als wir wieder aus der Höhle kamen. Dieses Erlebnis werde ich so schnell nicht mehr vergessen.	
+	Nach einer einstündigen Busfahrt kamen wir endlich an einem Parkplatz an. Von dort aus mussten wir noch einen steilen Hang zur Höhle hinabklettern.	
4	Hinter mir rief Timo: „Los jetzt, du Angsthase. Wir verlieren noch die Gruppe.“ Zum Glück rief Lea: „Ich kann wieder stehen, hier ist ein großer Raum.“	
=	Daraufhin nahm ich all meinen Mut zusammen und merkte, dass es mit jedem Meter besser ging. Bald schon konnte ich stehen.	
7	Mit einer Taschenlampe und einem Helm durften wir in Fünfergruppen mit einem Höhlenführer hintereinander in den engen Eingang hineinkrabbeln.	

1.	2.	3.	4.	5.	6.	7.

2 Ordne die Textabschnitte den verschiedenen Teilen einer Geschichte zu: Einleitung (E), Hauptteil (H), Schluss (S)

Spannende Überschriften zu Bildern finden

1 Finde möglichst spannende Überschriften zu den Bildern.
Vergleiche deine Überschriften mit denen eines anderen Kindes.

Der vergiftete Apfel

2 Zeichne selbst ein Bild und lasse ein anderes Kind eine Überschrift finden.

Wichtige Wörter finden und einsetzen

1 Finde im Kasten die fehlenden Wörter für den Text. Schreibe sie in die Lücken. Die Bilder helfen dir.

> Glasröhrchen ✦ sehr kalt ✦ Außentemperatur ✦ kochendes Wasser ✦ anzeigen ✦ Schnee ✦ dehnte sich aus ✦ Winter ✦ Einteilung (Skala) ✦ Minusbereich ✦ ~~Thermometer~~

Das Thermometer

Vor ungefähr 250 Jahren führte der Schwede Anders Celsius Versuche durch, für die er die Temperatur der Gegenstände wissen musste. Daher baute er ein Messgerät, ein Thermometer. So könnte er vorgegangen sein: Celsius füllte Quecksilber in ein ______________. Dann hielt er das Röhrchen in ______________. Das Quecksilber ______________. Celsius schrieb an diesen Punkt 0 Grad. Danach stellte er das Glasröhrchen in den ______________, weil der so kalt wie gefrierendes Wasser ist. Das Quecksilber zog sich zusammen. Celsius schrieb an diesen Punkt 100 Grad. Anschließend überlegte er sich eine ______________. Später wurde die Skala allerdings umgedreht.

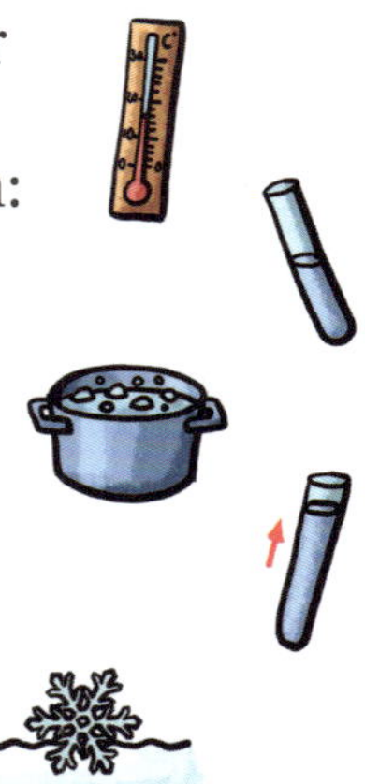

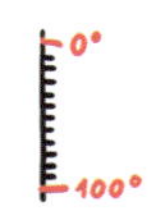

2 Kreise im Text mithilfe der Wortrahmen die wichtigen Wortstellen ein.

Die Skala

Für diese Skala zerlegte er den Abstand zwischen den beiden Punkten in 100 gleich große Teile und markierte sie. Jeder Strich steht für ein Grad. Noch heute messen wir die Temperatur nach dieser Einteilung in Grad Celsius. Der Gefrierpunkt wurde mit 0°C und der Siedepunkt mit 100°C markiert.

a) Schreibe mit allen wichtigen Wörtern aus den Wortrahmen einen eigenen Text.

3 Finde die fünf wichtigen Wortstellen. Kreise sie ein.

Fahrenheit

Der deutsche Physiker Gabriel Fahrenheit erfand das Alkohol- und auch das Quecksilberthermometer. Im Gegensatz zu der Celsius-Skala (°C) legte Fahrenheit in seiner Skala den Gefrierpunkt von Wasser bei 32°F und den Siedepunkt bei 212°F fest.
Die Körpertemperatur eines Menschen von 37,7°C liegt bei ungefähr 100°F.
In den USA wird die Temperatur heute in Fahrenheit gemessen.

4 Im Kasten von 1 sind fünf wichtige Begriffe übrig geblieben.
Entwirf einen kurzen Text, in dem diese Begriffe als wichtige Wörter auftauchen.

Treffende Adjektive zuordnen

1 Finde die passenden Adjektive zu dem Waldbild und zu dem Comicbild heraus. Unterstreiche die Wörter, die zum **Wald** passen, **grün** und die Wörter, die zum **Comic** passen, **blau**.

dunkel ★ romantisch ★ unterhaltsam ★ tropisch ★ dicht ★ traumhaft ★
abenteuerlich ★ groß ★ wild ★ märchenhaft ★ schauderhaft ★ feucht ★
prächtig ★ düster ★ langweilig ★ humorvoll ★ kalt ★ spannend ★ verwildert ★
witzig ★ interessant ★ dunkel ★ aufregend ★ schattig ★
unheimlich ★ wunderbar ★ fantasievoll ★ hässlich ★ licht ★ lustig ★
undurchdringlich ★ kühl ★ geheimnisvoll ★ gefährlich ★ bunt

2 Zeichne ein eigenes Bild, das du mit Adjektiven beschreiben möchtest. Finde dazu mindestens zehn eigene passende Adjektive und schreibe sie auf.

Wörter verlängern

1 Finde die acht Wörter, die man verlängern kann und schreibe ihre Verlängerung auf.
Beispiel: eng – enge Straße

A	W	R	C	M	B	S	Z	J	S	Z	E	H
S	T	E	H	T	A	C	K	L	I	N	G	T
F	N	Q	T	B	N	H	D	O	N	S	H	R
D	R	E	H	T	K	U	A	H	G	W	M	S
L	A	N	G	J	X	H	F	E	T	E	N	G

Verb mit ng/nk	silbentrennendes h

2 Schreibe die Wörter auf die Schwungmuster. Achte auf das Ende der Sprechsilben.

Wäschekorb ✶ Bergkamm ✶ Treibstofflager ✶ Flusspferdohr ✶ Grillanzünder ✶ Rennauto ✶ Gartenzwergparade ✶ Eurogeldschein ✶ Knallfrosch

Wäschekorb

Wörter mit ä/äu ableiten und merken

1 Löse das Rätsel.

Waagerecht (→)

1. Nomen, das von „Kalb“ abgeleitet wird
2. Nomen zum Verb „bauen“
3. Ein kleiner Stall
4. Zu einer Kugel aufgewickelter Wollfaden
5. Weißes Federvieh
6. Mehrzahl von „Kraut“
7. Mehrzahl von „Bauch“
8. Ein Monat im Frühling

Senkrecht (↓)

9. „Schneewittchen“ und „Aschenputtel“ gehören hierzu.
10. Verb zum Nomen „Traum“
11. Großes Raubtier in Schwarz, Weiß oder Braun
12. Nomen zum Verb „rauben“
13. Dritte Person Einzahl von „laufen“

2

a) Schreibe die vier Merkwörter auf, die im Rätsel versteckt sind.

b) Ergänze weitere Merkwörter mit **ä**. Schaue im Merkwort-Fächer nach.

Beschreibungen zuordnen

1 Versuche die Beschreibungen den Bildern zuzuordnen.

1 Lolas weit geschnittener Mantel reicht fast bis zu den Knöcheln.
Der grüne Kragen ist am Rand gezackt.
Auf dem orangefarbenen Stoff sind verschiedene blaue Buchstaben aufgedruckt.
Die Knopfleiste ist verdeckt, so dass man sie nicht sieht.

____

____

2 Lolas weit geschnittener Mantel reicht fast bis zu den Knöcheln.
Der gelbe Kragen ist am Rand gezackt.
Auf dem orangefarbenen Stoff sind verschiedene blaue Buchstaben aufgedruckt.

____

__________ oder: __________

3 Lolas weit geschnittener Mantel reicht fast bis zu den Knöcheln.
Der Kragen ist am Rand gezackt.
Auf dem Stoff sind verschiedene blaue Buchstaben aufgedruckt.

__________ oder: __________

____

__________ oder: __________

2 Ergänze, was den Gegenstandsbeschreibungen fehlt,
damit man sie eindeutig einem Bild zuordnen kann.

Eine Brillenbeschreibung verfassen

1 Male die Brille an.
Ergänze die Brille fantasievoll, zum Beispiel mit Federn, Silberpapier, Bändern …

2 Sammle nun für die Beschreibung deiner gezeichneten Brille die richtigen Stichworte zu den unterschiedlichen Kategorien.

Form: ______________________

____

Größe: ______________________

____

Farbe: ______________________

____

Material: ______________________

____

Besonderheit: ______________________

____

Über eine Fabel nachdenken

30

Fuchs und Ziegenbock

Ein Fuchs und ein Ziegenbock waren gemeinsam auf Wanderschaft. Der Ziegenbock war eindrucksvoll von Gestalt, mit zwei langen Hörnern, aber vom Verstand nicht besonders weitsichtig und klug. Sein Freund, der Fuchs, dagegen war findig im Betrug. Auf ihrem Weg bekamen sie Durst und kletterten in einen Brunnen. Sie tranken ausreichend und dann sagte der Fuchs: „Und was, mein Freund, tun wir jetzt? Der Durst ist gestillt, doch wir müssen noch heraussteigen. Stemm deine Vorderbeine gegen die Brunnenwand. Ich steige dann auf deinen Rücken, auf deine Hörner und schließlich zum Brunnen hinaus. Danach kommst du." „Bei meinem Bart", staunte der Bock, „das ist gut. So schlaue Gefährten sind selten; ich allein wäre nie auf diese Idee gekommen." Der Fuchs stieg aus dem Brunnen und mahnte den Ziegenbock zur Geduld. „Wäre dein Verstand so groß, wie dein Bart lang ist, wärst du so unbedacht nicht gewesen. Leb wohl. Ich bin oben, sieh zu, wie du herauskommst. Mir läuft die Zeit davon."

nach Jean de la Fontaine

1 Unterstreiche die Stellen im Text farbig, bei denen du etwas über die Eigenschaften vom Fuchs (grün) und vom Ziegenbock (blau) erfährst.

2 Finde weitere Eigenschaften, die zu den beiden Tieren passen.

Fuchs	Ziegenbock

3 Welche Lehre (Moral) passt zur Fabel? Kreuze zwei Aussagen an.

- ◯ Erst denken, dann handeln
- ◯ Verlass dich nicht auf andere.
- ◯ Am Ende gewinnt der Dumme.
- ◯ Der Starke hat immer recht.

Über eine Fabel nachdenken

4 Schreibe die Fabel in vier bis fünf Sätzen weiter und erzähle, was mit dem Ziegenbock geschieht.

5 Gestalte einen Comic.

a) Male dazu das erste Bild passend in den Bildkasten.

1

b) Trage zur wörtlichen Rede der beiden Tiere einen passenden Text in die restlichen Sprechblasen ein.

Die Wortartenproben anwenden

1 Finde mithilfe der Wortartenproben alle Nomen, Verben und Adjektive.
Unterstreiche sie in der passenden Farbe. Unterstreiche keine Namen.

„RUHIG, MISSI, RUHIG!“, SAGTE EMMA, ZOG DIE ZÜGEL ETWAS FESTER UND TRIEB DIE STUTE MIT SANFTEM SCHENKELDRUCK AN FRAU DOCKENFUß UND IHREM RADIO VORBEI. DANN LENKTE SIE MISSI ÜBER DIE SCHMALE STRAßE ZUM DORFTEICH HINÜBER. …

MISSISSIPPIS HUFE KLAPPERTEN ÜBER DEN BUCKLIGEN ASPHALT. EMMA FÜHLTE SICH WUNDERBAR, SO WUNDERBAR WIE NOCH NIE IN IHREM LEBEN. SIE SAH ZUM HIMMEL HOCH, GUCKTE DEN WOLKEN NACH UND STELLTE SICH VOR, GANZ WOANDERS ZU SEIN, IN EINEM WILDEN UND WEITEN LAND, DURCH DAS SIE UND MISSISSIPPI TAGELANG RITTEN OHNE EINEM MENSCHEN ZU BEGEGNEN.

EIN HUND SCHRECKTE EMMA AUS IHREN TRÄUMEN. BREITBEINIG, KAUM GRÖßER ALS EIN KANINCHEN STAND ER MITTEN AUF DER STRAßE UND BELLTE SICH HEISER. MISSI SCHEUTE UND WAR NICHT ZU BEWEGEN, AN DEM KLEINEN UNGEHEUER VORBEIZUGEHEN.

EMMA KANNTE DEN HUND. ER GEHÖRTE DEM SCHWIEGERSOHN DER DICKEN HENRIETTE UND KLÄFFTE JEDEN AN, DER SICH DEM HOF NÄHERTE. EMMA KONNTE SICH WIRKLICH NUR WUNDERN, DASS HENRIETTES LADEN TROTZDEM IMMER VOLL WAR.

Cornelia Funke

2 Schreibe auf, wie viele Nomen, Verben und Adjektive du im Text gefunden hast.

_______ Nomen, _______ Verben, _______ Adjektive

Die Groß- und Kleinschreibung üben

1 Trainiere für das **Wortanfangsdiktat**.
Schreibe wie im Beispiel.

- Satzanfang → groß
- Nomen → groß
- Verb → klein
- Adjektiv → klein
- Restwort → klein

M / m	ein	Satzanfang → groß
V / v	ater	Nomen → groß
G / g	eht	Verb → klein
M / m	it	
M / m	ir	
I / i	ns	
K / k	ino.	

D / d	ie	
D / d	icke	
K / k	atze	
J / j	agt	
E / e	ine	
S / s	üße	
M / m	aus.	

D / d	er	
P / p	olizist	
S / s	ucht	
S / s	eine	
N / n	eue	
R / r	unde	
K / k	elle.	

A / a	m	
A / a	bend	
I / i	sst	
F / f	amilie	
M / m	eier	
A / a	m	
K / k	iosk.	

Verben werden zu Nomen

1 Kreise die zehn Verben ein, die zu Nomen geworden sind.
Mache die Nomenprobe. Finde die Lösungen der Rätsel.

MAN BRAUCHT ES ZUM MISCHEN DES TEIGS.
OBEN AM GRIFF HAT ES EINEN SCHALTER
UND BEIM RÜHREN SPRITZT ES HÄUFIG.

Lösung: Qu ____________

BEIM DRÜCKEN DES KNÖPFCHENS GEHT ES AN.
BEIM FAHREN MIT DEM AUTO LÄUFT ES OFT.

Lösung: ____________

DAS KAUFEN EINES CHIPS BERECHTIGT
ZUM FAHREN. BEIM EINSTEIGEN
GIBT MAN IHN AB. VOM DREHEN WIRD
EINEM MANCHMAL SCHLECHT.

Lösung: ____________

FÜRS FANGEN HAT SIE
SCHARFE KRALLEN.
ZUM RIECHEN HAT SIE
EINE GUTE NASE.
ABER IN DAS MÄUSELOCH
PASST NUR IHRE PFOTE.

Lösung: ____________

2 Erfinde selbst ein Rätsel
mit Verben, die zu Nomen wurden.

____

____

____

____

____

Eine Geschichte erzählen

1 Lies dir die Fabel genau durch.
Schreibe dir zu jedem Abschnitt Stichwörter heraus.

Der Fuchs und der Storch

Ein Fuchs hatte einen Storch zum Mittagessen eingeladen und setzte ihm die leckersten Speisen vor. Aber diese waren nur auf ganz flachen Schüsseln angerichtet, aus denen der Storch mit seinem langen Schnabel nicht fressen konnte. Gierig fraß der Fuchs alles allein. Dabei sprach er zu seinem Gast: „Lass es dir schmecken, mein Freund. Genieße das Essen."

Der Storch fühlte sich betrogen, tat aber weiterhin ganz fröhlich. Er lobte die Gastfreundschaft und bat den Fuchs auch einmal bei ihm zu essen.
Der Fuchs ahnte, dass der Storch sich rächen wollte, und schlug die Einladung ab.
Der Storch aber blieb hartnäckig und bat den Fuchs so lange, bis dieser endlich zusagte.

Als am nächsten Tag der Fuchs zum Storch kam, standen alle möglichen Leckerbissen auf dem Tisch. Der Anblick der Speisen ließ dem Fuchs das Wasser im Mund zusammenlaufen.

Eine Geschichte erzählen

Aber alle Lebensmittel waren nur
in Gefäßen mit langem Hals
und schmaler Öffnung aufgetischt.
„Bediene dich", sagte der Storch.
„Lass es dir schmecken und fühle dich
wie zu Hause."
Er selbst aß mit seinem schmalen
Schnabel alles voller Freude und Genuss.
Der Fuchs dagegen ärgerte sich sehr.
Hungrig stand er vom Tische auf und
begriff, dass ihn der Storch für seinen
Betrug nun bestraft hatte.

nach Aesop

2 Überlege, welche Stichworte wirklich wichtig sind.
Streiche die anderen durch.

3 Schreibe einen oder mehrere zusammenfassende Sätze über den Text.
Nutze dazu deine Stichworte.

Ein Lesekreuzworträtsel lösen

1 Löse das Kreuzworträtsel. Schlage dazu im Autorenlexikon des Themenheftes nach.

Lösungswort: __ __ __ __ __ __ __ __
1 2 3 4 5 6 7 8

Waagerecht (→)
1. Vorname von Kästner
2. Einer von R. Bertrams Berufen
3. Lieblingsbuch/-figur von A. Lindgren
4. Heutiger Wohnort von C. Funke
5. Junge in Bertrams Freundschaftsgeschichten
6. Nach ihr wurde ein Asteroid im Weltall benannt (nur Nachname).
7. Er hat am selben Tag Geburtstag wie E. Donnelly (nur Nachname).
8. Für diese TV-Serie hat A. Steinhöfel Drehbücher geschrieben.

Senkrecht (↓)
1. Tier in J. Guggenmos' Gedichtband
2. G. Bydlinski hat mehr als 4000 gehalten.
3. Tierische Hauptfigur von E. Donnelly
4. Mädchen in Ch. Nöstlingers erstem Buch
5. Geburtsstadt von Ch. Nöstlinger
6. Geburtsland von A. Lindgren
7. Geburtsort von S. Naoura
8. Das veröffentlicht Tina Zang unter ihrem richtigen Namen.
9. Berufswunsch von M. Musgrove
10. Von ihm handeln D. Geislers Chaos-Comics.

Erfahren, wie ein Theaterstück entsteht

33

1 Lies das Interview aus der Kinderzeitschrift aufmerksam durch.

Die Theatermacher: Im Hamburger Thalia Theater wird dieser Tage „Reckless“ aufgeführt, ein Stück nach dem neuen Roman von Erfolgsautorin Cornelia Funke.
Wir haben jene Menschen getroffen, die vor, hinter, auf und neben der Bühne an diesem Theaterstück arbeiten. Vorhang auf!
Vielleicht sind sie so etwas wie die Chefs der Aufführung. Dramaturgin Susanne Meister, 43, und Regisseur Marco Storman, 30, erwecken den Text zum Leben.

GEOlino: Setzen Sie fort: „Der Spiegel öffnet sich nur für den, der sich selbst nicht sieht. Jacob schloss die Augen …“

Susanne Meister: „… und plötzlich war der Raum, den er hinter sich im Spiegel sah, nicht mehr das Zimmer seines Vaters.“

Marco Storman (lacht): Mittlerweile kennt man die Geschichte echt in- und auswendig. (…)

Erzählen Sie mehr: Worum geht es bei Reckless? Um zwei Brüder, Jacob und Will, die durch den Spiegel in eine Märchenwelt gelangen. Samt Rotkäppchen und Feen, Grasmenschen und Goyl – das sind Steinwesen. Eines davon greift Will an, der nun nach und nach auch versteinert. Um seinen Bruder zu retten, begibt sich Jacob auf eine gefährliche Reise zur dunklen Fee; sie allein hat die Macht, die Versteinerung zu stoppen.

Die Buchvorlage ist 350 Seiten dick. Wie wird daraus ein anderthalbstündiges Theaterstück? Indem sich Menschen wie wir damit beschäftigen. Zunächst Dramaturgen: Sie wählen das Stück aus, arbeiten es manchmal um, kürzen es. Und dann ist es an Regisseuren wie Marco, diesen Text zum Leben zu erwecken.

Wie denn? Ich lese und lese und überlege gemeinsam mit der Dramaturgin: Was ist uns wichtig in dieser Geschichte? Bei Reckless ist es die Beziehung zwischen den Brüdern Jacob und Will, die sich zugleich lieben und hassen. Wenig soll davon ablenken: kein überbordendes Bühnenbild zum Beispiel. Was wir uns überlegen, gibt ein Stück weit auch die Richtung vor, in der die Bühnen- und Kostümbildner, Maske, Beleuchter weiterdenken.

Und dann? Dann überlege ich mir, mit welchen Mitteln ich diese Geschichte auf der Bühne erzählen will. Wie spielen wir etwa jene Szene, in der 1 000 Einhörner durch den Wald brettern? Wir können ja nicht 1 000 Statisten über die Bühne jagen. Darum wird Jacob in dieser Szene total gehetzt sprechen – sodass der Eindruck entsteht, er hätte 1 000 Tiere im Nacken. Für mich ist es das Schönste, wenn bei der Erarbeitung des Stückes nach und nach solche Bilder in meinem Kopf entstehen und sich dann irgendwann wie ein Daumenkino verbinden.

Schöner noch als die ersten Proben und die Premiere? Schon. Denn wenn das Stück zum ersten Mal auf die Bühne kommt, muss man es als Regisseur hergeben. Die Schauspieler bringen so viele eigene Ideen und Fantasie mit, dass sich vieles ja immer wieder verändert. Genau das ist gleichzeitig aber auch ganz wunderbar.

Katharina Beckmann, aus: GEOlino 12/2010

2 Unterstreiche alle Berufe, die im Text genannt werden.

3 Kreuze an, worin die Aufgaben dieser Menschen bestehen.

	Dramaturg	Regisseur
wählt das Buch aus	X	
entscheidet, was an der Geschichte wichtig ist		
kürzt den Buchtext auf Theaterlänge		
gibt die Richtung für Bühnenbild, Maske, Kostüm und Beleuchtung vor		
erweckt den Text zum Leben		
arbeitet den Buchtext um		

Etwas über einen Autor erfahren

1 Nummeriere die Textabschnitte in der richtigen Reihenfolge.

Ende, Michael (*12.11.1929 – †28.8.1995)

☐ 1929 wurde Michael Ende in Garmisch-Partenkirchen geboren. Später zog er mit seinen Eltern nach München. Dort besuchte er das Gymnasium. Im Zweiten Weltkrieg wurde seine ganze Schule evakuiert[1] und er kam im Rahmen der „Kinderlandverschickung" wieder in seinen Geburtsort zurück.

☐ Wie es weitergehen sollte, wusste er selber nicht. Viele Monate später aber war eine lange Geschichte daraus geworden von der Insel Lummerland, von Lukas dem Lokomotivführer und seinem Freund Jim Knopf. So entstand 1958 das Manuskript zu „Jim Knopf und Lukas der Lokomotivführer". Zwölf Verlage lehnten sein erstes Kinderbuch zunächst ab.

☐ Als er dort als Fünfzehnjähriger den Befehl erhielt, in den Krieg zu ziehen, zerriss er den Brief und schlug sich zurück nach München durch. Später besuchte er die Schauspielschule. Eines Tages bat ihn ein Freund um einen kurzen Text für ein Bilderbuch. Michael Ende tippte den ersten Satz in seine Schreibmaschine: „Das Land, in dem Lukas der Lokomotivführer lebte, war nur sehr klein."

☐ Ein großer Fehler, denn bis heute ist es ein äußerst bekanntes und beliebtes Buch. Auch die Augsburger Puppenkiste nahm seine Geschichte in ihr Repertoire[2] auf. 1977 schrieb Michael Ende „Die unendliche Geschichte", deren Verfilmung ihm zum Weltruhm verhalf. Auch sein Buch „Momo" wurde verfilmt. Seine Werke sind in über 40 Sprachen erschienen. 1995 verstarb Michael Ende nach schwerer Krankheit in der Nähe von Stuttgart.

1 evakuieren: umsiedeln, in Sicherheit bringen
2 Repertoire: Programm

2 Beantworte die Fragen zum Text.

Welches war Michael Endes erstes Kinderbuch?

____

Welche Informationen bekommst du zu diesem Buch im Text? ____________________

____

Welche Bücher wurden verfilmt? ____________________

Bindewörter einsetzen

1 Kreuze die Sätze an, in denen das Bindewort richtig eingesetzt ist.

○ Der Kater Findus kam zu dem alten Mann, obwohl dieser so einsam war.
○ Der Kater Findus kam zu dem alten Mann, nachdem dieser so einsam war.
○ Der Kater Findus kam zu dem alten Mann, weil dieser so einsam war.
○ Der Kater Findus kam zu dem alten Mann, damit dieser so einsam war.

○ Pettersson redet mit dem Kater, obwohl Findus auch sprechen lernt.
○ Pettersson redet mit dem Kater, nachdem Findus auch sprechen lernt.
○ Pettersson redet mit dem Kater, weil Findus auch sprechen lernt.
○ Pettersson redet mit dem Kater, damit Findus auch sprechen lernt.

2 Setze die passenden Bindewörter ein.

weil	obwohl	nachdem

Findus trägt eine gestreifte Hose, obwohl er ein Kater ist.

Einen Hut hat er nicht, ______________ er diesen immer verlieren würde.

damit	obwohl	nachdem

Jeden Morgen kitzelt der Kater den alten Mann am Kinn, ______________ dieser aufwacht. Der alte Mann möchte aber erst spielen, ______________ er einen Kaffee getrunken hat.

damit	weil	obwohl	bevor	während

Der alte Mann war oft traurig, ______________ der Kater zu ihm kam.

Jetzt liegt der Kater gern auf Petterssons Bauch, ______________ es dort gemütlich ist.

Beide sind gute Freunde, ______________ es nicht immer einfach ist.

Redebegleitsätze erkennen

1 Unterstreiche die vorangestellten Redebegleitsätze blau und die nachgestellten Redebegleitsätze rot. Markiere die Anführungszeichen mit einer anderen Farbe.

Jonas zeigt auf den Roboter und fragt: „Ist der immer so lustig?“
Der Professor nickt und antwortet: „Hab ihn erfunden, damit mir nicht langweilig wird.“
Jonas sagt erstaunt: „Einem Erfinder wird doch nie langweilig!“
Der Professor zuckt mit den Achseln und sagt: „Aber wenn ich doch nicht weiß, was ich erfinden soll? Sieh mal, meine letzte Erfindung ist schon sechs Wochen alt. Außerdem taugt sie nichts.“

„Was haben Sie denn erfunden?“, will Jonas wissen.
„Einen Fernseher, der das Fernsehprogramm von morgen zeigt. Natürlich mit Spezialantenne. Aber wie gesagt, das Ding taugt nichts. Wenn man das Programm von morgen guckt, hat man keine Zeit, das Programm von heute zu gucken. Zu blöd.“
Jonas sagt zögernd: „Ich wüsste schon eine Erfindung, die ich gebrauchen könnte.“
„Da bin ich neugierig.“
„Eine Morgenbrille, mit der mir morgens nicht die Augen schmerzen“, erklärt Jonas gewichtig.
„Verstehe. Sehr gut! Müsste weich sein. Unzerbrechlich. Vielleicht mit eingebauter Leselampe. Verstehe. Natürlich wasserdicht, für Unterwasserschläfer. Verstehe. Sehr gut! Wird gemacht!“
„Und was kostet eine solche Brille?“, will Jonas wissen.
Justus Turbozahn reibt mit seinem rechten Finger über seine Stirn. Gleichzeitig zieht er seine Nase kraus und wackelt mit den Ohren. Das sieht komisch aus. Aber das ist sein Erfindergesicht. Das macht er immer, wenn er etwas erfindet oder scharf nachdenkt.
„Ich hab es!“, sagt er. „Deine Morgenbrille kostet dich zwei neue Ideen.“

KNISTER

2 An vier Stellen spricht Professor Turbozahn in der wörtlichen Rede ohne Redebegleitsatz. Kreise diese wörtlichen Reden ein.

Redezeichen einsetzen

1 Trage die richtigen Satzzeichen in den Text ein.

Das Unglück

Hannes ist in der zweiten Klasse und neu in der Schule.

Er hat heute zum ersten Mal Sportunterricht in der Sporthalle.

Der Lehrer trifft Hannes auf dem Weg dorthin. Hannes steht allein und weint.

Der Lehrer fragt Hannes : „ Hallo Hannes, warum bist du so unglücklich?

Haben deine Mitschüler dich nicht mitgenommen ☐ ☐

Hannes schüttelt den Kopf und sagt ☐ ☐ Das ist es nicht ☐ ☐

☐ Hat dich jemand geärgert ☐ ☐ ☐ will der Lehrer weiter wissen.

Aber auch diesmal antwortet Hannes ☐ ☐ Nein, alle sind nett zu mir ☐ ☐

Nun ist der Lehrer ratlos. ☐ Was ist denn dann passiert ☐ ☐ ☐ fragt er.

Hannes holt tief Luft und schluchzt ☐ ☐ Ein Junge aus der Nachbarklasse ist vorbeigekommen ☐ ☐

Das versteht der Lehrer nicht und bohrt nun weiter ☐ ☐ Und was ist daran so schlimm ☐ ☐

☐ Er hat mich angestoßen, dabei ist mir mein Brötchen heruntergefallen und nun kann ich es nicht mehr essen ☐ ☐ jammert der Junge.

Der Lehrer stimmt ihm zu ☐ ☐ Da hast du wohl recht, das ist jetzt ungenießbar. Du musst es in den Müll tun ☐ ☐ Er schaut den traurigen Hannes an und beruhigt ihn ☐ ☐ Ich werde mit dem Jungen sprechen ☐ ☐

Zur Sicherheit fragt er noch mal ☐ ☐ Und es war mit Absicht ☐ ☐

☐ Nein, mit Salami ☐ ☐ ☐ beteuert Hannes ganz ernst.

1 Löse das Silbenrätsel. Markiere in den Lösungswörtern die Besonderheit farbig.

Wei	chen	Schnau	zung	Pau	zen
Hei	Käuz	zung	Kreu	ze	ke
Hit	cker	Brü	Zu	cke	ze

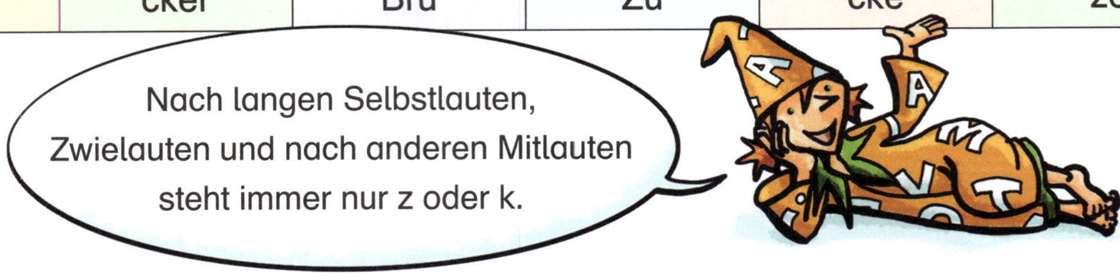

Das Vorderteil des Hundes: Schnau______

Daraus macht man Mehl: ______

Gegenteil von eisige Kälte: ______

Dieses Instrument schlägt man mit Schlegeln: ______

Es ruft nachts im Wald: ______

Wird zum Süßen gebraucht: ______

Sie macht die Wohnung warm: ______

Dort biegen wir ab: ______

Verbindung über den Fluss: ______

2 Ergänze die Wörter mit **lz**, **nz**, **rz** oder **lk**, **nk**, **rk**.

das He rz	der Pi ____	der Gesta ____	ta ____ en
die Scha ____ e	der Kra ____	der Mä ____	ta ____ en
der Sche ____	der Pe ____	der Fi ____	die Pa ____ ba ____
die Wa ____ e	die Po ____ a	bla ____	wü ____ en
ku ____			

33

Wörter mit doppelten Mitlauten, mit tz und ck üben

1 Trage die richtigen Mitlaute ein.

Was a ll (l/ll) es so pa ___ (s/ss) iert

Mein Va ___ (t/tt) er wird noch einen Kuchen ba ___ (k/ck) en.

Oma hat Hannes einen We ___ (ck/k) er im Pä ___ (ck/k) chen zum Geburtstag geschi ___ (ck/k) t.

Meine Mu ___ (t/tt) er mu ___ (s/ss) noch So ___ (ck/k) en fli ___ (ck/k) en.

Ich pu ___ (tz/z) e meine Zähne, damit ich keine Schmer ___ (tz/z) en beko ___ (mm/m) e.

Opa fü ___ (t/tt) ert noch die Ka ___ (tz/z) e.

Mein Onkel wi ___ (l/ll) sich eine Pfei ___ (f/ff) e aus Hol ___ (tz/z) schni ___ (tz/z) en.

Wir wo ___ (l/ll) en noch drei Mü ___ (k/ck) en fangen.

Außerdem müssen wir fünf Ko ___ (ff/f) er pa ___ (ck/k) en,

die Pfü ___ (tz/z) en tro ___ (ck/k) nen und die Lo ___ (ck/k) en wi ___ (ck/k) eln.

2 Lies dir die Wörter vor und schreibe das fehlende Wort auf.
Kennzeichne den Selbstlaut lang oder kurz.

der Schall oder ______________________

zu Gott beten oder ______________________

die Tür steht offen oder ______________________

die Hütte oder ______________________

Die Teile einer Geschichte kennzeichnen

1 Rahme alle Teile der Geschichte farbig ein. Achtung! Einige Teile fehlen.
Einleitung: grün **Hauptteil: blau** **Höhepunkt: gelb** **Schluss: rot**

Das Gespenst der sieben Meere

Auf einer winzigen Insel im Ozean spukt ein besonders gruseliges Gespenst: die Weiße Frau.

Sie tanzt mit dem Sturmwind, und sie duscht sich im Regen. Sie lässt sich mit den Wolken übers Wasser treiben und ärgert die Fische. Ihr schauriger Gespenstergesang versetzt die tapfersten Seefahrer in Angst und Schrecken.

Eines Tages ankert ein Piratenschiff an dieser unheimlichen Insel. Die Piraten wollen einen Schatz verbuddeln.

„Ihr werdet euer blaues Wunder erleben!", ruft die Weiße Frau, und schon geht der Spuk los. Das Gespenst nimmt die sonderbarsten Gestalten an. Es saust über den Piraten hin und her und heult so Furcht erregend, dass sich die Krebse im Sand verbuddeln. Die Piraten verstecken sich zitternd hinter den Felsen. Nur der Käpten stellt sich tapfer dem Gespenst entgegen.

Erhard Dietl

2 Schreibe auf, welche Teile der Geschichte fehlen.

____

3 Kreuze an, was du beim Schreiben einer Fantasiegeschichte beachten musst.

- ☒ wörtliche Rede verwenden
- ☐ kurze knappe Sätze
- ☐ nur Tatsachen berichten
- ☐ in der Zeitform Zukunft erzählen
- ☐ abwechslungsreiche Adjektive verwenden
- ☐ Gefühle der handelnden Personen beschreiben

Aus verschiedenen Sichtweisen schreiben

1 Schreibe zur Szene unten aus der Sicht jeder Person einen **Einleitungssatz** und einen **Schlusssatz**. Beachte den Leitfaden auf Seite 28 im Themenheft.

Georg: ____________________

Lotta: ____________________

Clara: ____________________

Georg: ____________________

Lotta: ____________________

Clara: ____________________

2 Wähle eine Person aus und schreibe aus der Sicht dieser Person Stichworte für einen Hauptteil auf.

____

____

____

____

3 Finde eine gute Überschrift zu deiner Geschichte:

____

Ein Hörspieldrehbuch schreiben und aufnehmen

1 Lies das etwas andere Rotkäppchen-Märchen aufmerksam durch.

Rotkäppchen

Es war einmal ein Mädchen, das wurde von allen Leuten Rotkäppchen genannt.
Eines Tages sagte seine Mutter:
„Rotkäppchen, geh hinaus zur Großmutter und bring ihr Kaffee und Kuchen.
Aber geh nicht vom Weg ab und komm wieder heim, bevor es dunkel ist."
Rotkäppchen nahm den Korb mit Kaffee und Kuchen und machte sich auf den Weg.
Als es schon ein Stück gegangen war, kam plötzlich der Wolf.
„Wohin gehst du?", fragte er.
„Zu meiner Großmutter", antwortete Rotkäppchen.
„Wo wohnt deine Großmutter?"
Rotkäppchen überlegte nicht lange und sagte:
„Du musst bis zur großen Eiche laufen.
Dann siehst du rechts ein kleines Haus am Waldrand.
Da wohnt sie, meine Großmutter."
Der Wolf lief schnell davon. Rotkäppchen aber ging singend in die andere Richtung,
in dem kleinen Haus am Waldrand wohnte in Wirklichkeit der Jäger.

Manfred Mai

2 Vervollständige den Text und ergänze die Geräusche des Hörspieldrehbuchs.

Erzähler: Es war einmal ein Mädchen, das wurde von allen Leuten Rotkäppchen genannt. Eines Tages sagte seine Mutter:	
____________: Rotkäppchen, geh hinaus zur Großmutter und bring ihr Kaffee und Kuchen. Aber geh nicht vom Weg ab und komm wieder heim, bevor es dunkel ist.	mit Tasse, Gabel … klappern
Rotkäppchen: ____________	Tür auf und zu

Erzähler: Rotkäppchen nahm den Korb mit Kaffee und Kuchen und machte sich auf den Weg. Als es schon ein Stück gegangen war, kam plötzlich der Wolf.	Schritte: auf den Tisch patschen, leise Schlurf-Geräusche für den Wolf oder bei „plötzlich“: Gong
Wolf: ____________	____________
____________: Zu meiner Großmutter.	____________
Wolf: ____________ ____________	____________ ____________
Erzähler: Rotkäppchen überlegte nicht lange und sagte:	____________
____________: Du musst bis zur großen Eiche laufen. Dann siehst du rechts ein kleines Haus am Waldrand. Da wohnt sie, meine Großmutter.	____________ ____________
____________: Der Wolf lief schnell davon. Rotkäppchen aber ging singend in die andere Richtung, in dem kleinen Haus am Waldrand wohnte in Wirklichkeit der Jäger.	____________ ____________
Wolf: Zu Hilfe ... ____________ ____________ ____________	____________ ____________ ____________ Gewehr knallt: Knall

3 Lest den Text mit verteilten Rollen und gestaltet ihn mit den Geräuschen. Nehmt das Hörspiel auf.

Satzglieder bestimmen 1

1 Bestimme die Satzglieder und unterstreiche sie in der entsprechenden Farbe:
Subjekt, Prädikat, Wem-Ergänzung, Wen- oder Was-Ergänzung, Ergänzung des Ortes

1. Die Klasse 4c plant ein großes Ritterfest.
2. An einer Infowand im Klassenzimmer sammeln die Kinder ihre Ideen.
3. Alle bereiten Vorträge, Spiele und eine Ausstellung vor.
4. Die Klassensprecher schreiben den Eltern eine Einladung.
5. Die Kinder bieten den Zuschauern ein abwechslungsreiches Programm.
6. Auf dem Heimweg erfinden Eltern und Kinder neue Rittergeschichten.

2 Verbinde die richtige Frage mit jedem Satzglied.

Wer oder was schickt allen Kindern in die Klassen einen Gruß?

Wem schickt die Schulleiterin einen Gruß in die Klassen?

Die Schulleiterin | schickt | allen Kindern | in die Klassen | einen Gruß.

Was tut die Schulleiterin?

Wen oder was schickt die Schulleiterin allen Kindern in die Klassen?

Wohin schickt die Schulleiterin allen Kindern den Gruß?

3 Finde das zweigeteilte Prädikat im Text.
Schreibe es in seiner Grundform (Infinitiv) auf.

Satzglieder bestimmen 2

1 Trenne die einzelnen Satzglieder voneinander ab.
Bestimme Subjekt, Prädikat und die Ergänzungen, die du kennst.
Unterstreiche sie in den passenden Farben.

1. In der Bücherei | leiht | die Klasse interessante Ritterbücher aus.
2. Die Bibliothekarin packt sie in eine Bücherkiste.
3. Jede Gruppe sammelt wichtige Informationen.
4. Ihre Lehrerin hilft ihnen.
5. Das mittelalterliche Leben beeindruckt alle.
6. Mit Freude schreiben die Kinder ihre Texte auf buntes Papier.
7. Andere zeichnen wie mittelalterliche Baumeister stundenlang Pläne.
8. Alle Ergebnisse finden bei den Besuchern großen Anklang.

2 Schreibe jeweils einen Satz mit den vorgegebenen Satzgliedern auf.

Subjekt (wer oder was?) und Prädikat (was tut?)

Subjekt (wer oder was?), Prädikat (was tut?), Wen-Ergänzung (wen oder was?)

Subjekt (wer oder was?), Prädikat (was tut?), Wem-Ergänzung (wem?)

Subjekt (wer oder was?), Prädikat (was tut?), Ergänzung des Ortes (wo?, woher?, wohin?)

Subjekt (wer oder was?), Prädikat (was tut?), Wen-Ergänzung (wen oder was?), Wem-Ergänzung (wem?)

Wörter mit s, ß und ss unterscheiden

1 Ordne die Wörter.

Do✶e ✶ Pri✶e ✶ Sträu✶e ✶ Grü✶e ✶ Mei✶e ✶
Stra✶e ✶ Va✶e ✶ Rei✶e ✶ Klö✶e ✶ Fü✶e

mit s: ______________________

mit ß: ______________________

2 Bilde mit diesen Buchstaben Wörter mit **ß**.
Die Buchstaben können mehrmals verwendet werden.

beißen ______________________

____

____

____

____

____

____

3 Entscheide, bei welchen Wörtern du **ss** hörst
und bei welchen Wörtern du zuerst verlängern musst.
Setze Silbenbögen.

Pa✶✶bild   Teeta✶✶e   Gurkenfa✶✶   klatschna✶✶   Ki✶✶enschlacht

Pässe ______________________

Nu✶✶knacker   Schrankschlü✶✶el   Me✶✶erwerfer   Schlangenbi✶✶

____

Eine Spielanleitung untersuchen

1 Lies dir die Quartett-Spielanleitung genau durch.

Quartett ist ein sehr bekanntes und beliebtes Kartenspiel. Ziel des Spiels ist es, möglichst viele Quartette zu sammeln. Ein kompletter Quartett-Kartensatz besteht aus acht Quartetten und somit aus 32 Karten.

Zunächst werden die Karten gemischt und gleichmäßig unter den Spielern verteilt. Unter Umständen erhalten bei einer ungeraden Anzahl von Mitspielern einige Spieler mehr Karten als andere. Das ist aber nicht weiter schlimm. Der Spieler links vom Kartengeber beginnt das Spiel, indem er nach einer eindeutigen Karte fragt. Beispielsweise: „Lisa, hast du einen Karo König?“

Nach einer bestimmten Karte darf nur dann gefragt werden, wenn man mindestens eine Karte des Quartetts auf der Hand hat. Hat der befragte Mitspieler diese Karte, dann muss er sie hergeben, und der Fragende darf weiter nach Karten fragen.

Sobald ein Mitspieler die gefragte Karte nicht besitzt, ist er dran und darf andere nach Karten fragen.

Hat ein Spieler ein vollständiges Quartett, dann legt er dieses offen auf den Tisch. Sind alle Karten, die ein Spieler auf der Hand hatte, verbraucht, scheidet er aus, und der Spieler links von ihm ist dran.

2 Kreuze an, welche Punkte in der Spielanleitung beschrieben sind:

- ☒ Name
- ◯ Ziel
- ◯ Mitspieler
- ◯ Spielmaterial
- ◯ Vorbereitung
- ◯ Spielbeginn
- ◯ Spielende
- ◯ Alter

3 Kreuze an, ob die fehlenden Erklärungen der Spielanleitung für das Verständnis des Spiels wichtig sind.

- ◯ Ja
- ◯ Nein

Eine Mindmap zu deinem Lieblingsspiel ergänzen

1 Ergänze eine Mindmap (Cluster) zu deinem Lieblingsspiel in Stichpunkten.

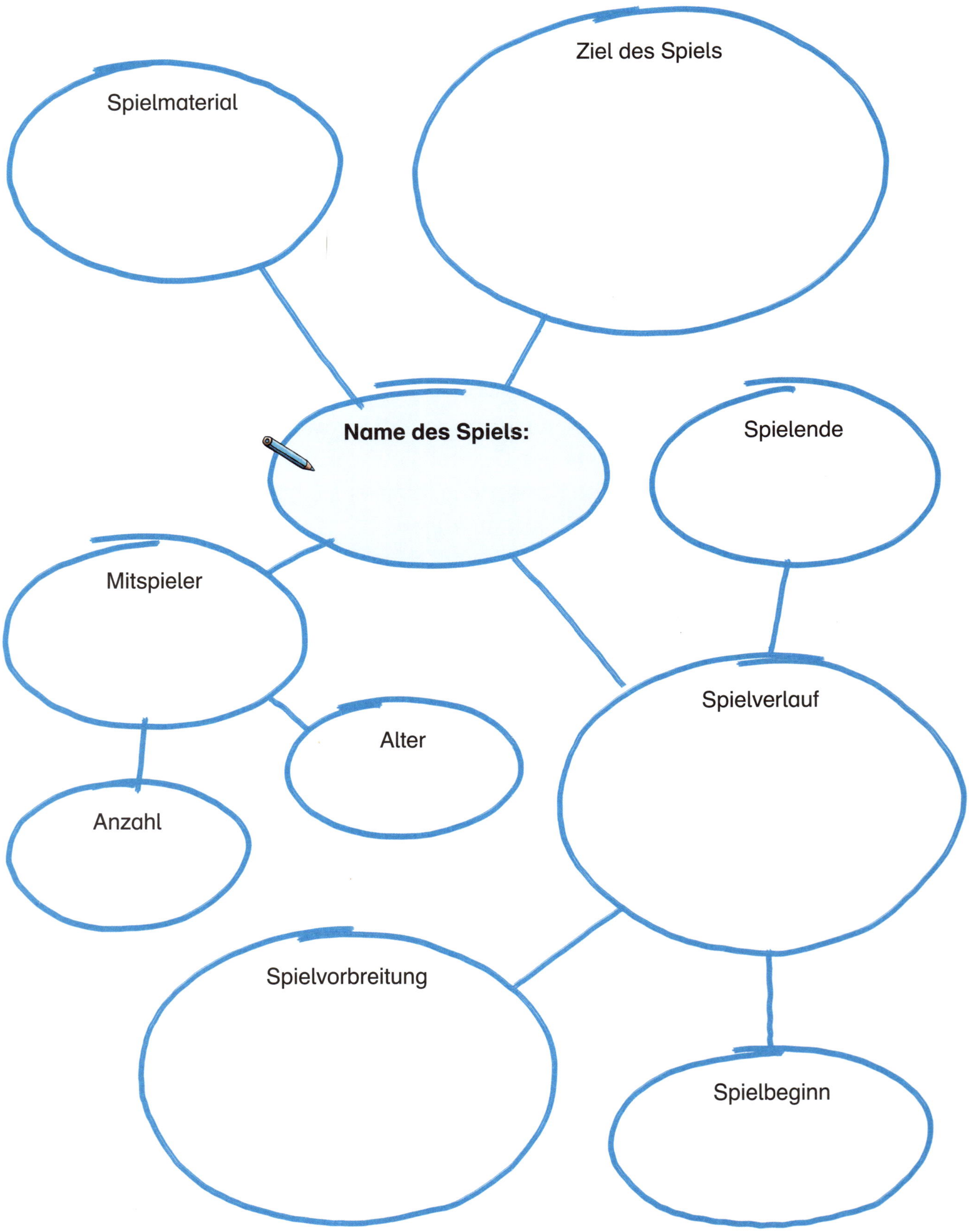

Reimmuster überprüfen

1 Lies das Gedicht und ergänze das fehlende letzte Wort.

Gestern

Gestern hab ich mir vorgestellt,
ich wär der einzige Mensch auf der Welt.
Ganz einsam war ich und weinte schon,
da klingelte leider das ______________ .

Frantz Wittkamp

2 Überprüfe nun das Reimmuster. Nimm dazu verschiedene Farben und unterstreiche die Reimwortpaare immer mit derselben Farbe.

Reimmuster: ______________________

3 Lies das zweite Gedicht und ergänze auch hier das letzte Wort.

Im Park

Ein ganz kleines Reh stand am ganz kleinen Baum
Still und verklärt wie im Traum.
Das war nachts elf Uhr zwei.
Und dann kam ich um vier
Morgens wieder vorbei,
Und da träumte noch immer das Tier.
Nun schlich ich mich leise – ich atmete kaum –
Gegen den Wind an den Baum
Und gab dem Reh einen ganz kleinen Stips.
Und da war es aus ____________ .

Joachim Ringelnatz

4 Markiere auch hier die Reimwörter mithilfe von verschiedenen Farben. Notiere das Reimmuster.

a ______________________

Gedichte in die richtige Form bringen

1 Dieses Gedicht hat nur eine Strophe, besteht aber aus vier Versen.

a) Trenne die Verse mit Schrägstrichen.

b) Schreibe sie richtig auf.

Der Frosch

Der Frosch, der Frosch, der schwimmt nicht schlecht und liebt das Wasser sehr. Doch weiter unten schwimmt ein Hecht, der liebt die Frösche mehr.

Gerd Bauer

Der Frosch

2 Male die Reimwörter farbig an und kreuze das Reimmuster an.

○ Paarreim ○ Kreuzreim ○ gemischter Reim

3 Lies das Gedicht *Der Wolf und die sieben Geißlein*.

a) Unterstreiche die Reimwörter, nimm dazu verschiedene Farben.

b) Trenne auch bei diesem Gedicht die Verse mit Schrägstrichen.

Der Wolf und die sieben Geißlein

Mutter geht. Wolf steht auf der Lauer, ziemlich sauer. Geißlein sagen: „Nein, wir lassen dich nicht rein. Mutter hat's verboten!“ Wolf mit weißen Pfoten spricht ganz gemein: „Bin's Mütterlein!“ So öffnen ihm die Geißenjungen und werden sogleich vom Wolf verschlungen. Großes Geschrei. Alles vorbei.

Moral:

Ein Wolf bleibt ein Wolf, denke daran, hat er auch weiße Handschuhe an.

Rolf Krenzer

Die Bedeutung von Redensarten finden

Eine lange Leitung haben

Früher hatten alle Telefone eine Leitung aus Draht.
Da hindurch konnte man mithilfe von Strom die Sprache übertragen.
Vor gut hundert Jahren wirkte so ein sprechender Draht
wie ein Wunder. Klar, dass man viel über ihn sprach.
Bald stellte man sich auch das Gehirn wie einen Apparat
mit Leitungen vor. In denen sausten die Gedanken
wie die Wörter im Telefondraht hin und her. Wenn jemand
eine lange Zeit braucht, um etwas zu verstehen, sagt man deshalb:

eine lange Leitung haben

Rolf-Bernhard Essig

1. Verbinde die Redensarten mit der passenden Bedeutung.

jemandem die Würmer aus der Nase ziehen	besonders empfindlich sein
Der Apfel fällt nicht weit vom Stamm.	sehr unachtsam sein und so etwas Peinliches tun
blaumachen	jemandem etwas sehr vorsichtig berichten
ins Fettnäpfchen treten	wenn jemand auf Fragen nur sehr zögerlich antwortet
die Salamitaktik anwenden	Das Kind ist seinen Eltern sehr ähnlich.
sich wie eine Prinzessin auf der Erbse benehmen	nicht zur Arbeit oder Schule gehen

Texte verbessern

1 Markiere die Fehler in der Abschrift. Vergleiche dazu mit dem Original.
Trage die passenden Strategiezeichen ein.

Opa angelte wieder, Oma schwam,
ich ekundete die Gegent. Es war meine
Verpflichtung, den ich hatte den beiden
ja mein Word gegeben. Und weil ich ein
krorekter Enkelson bin, machte ich mich
auch gleich dran, das zweite Versprechen
einzulöhsen: Kinder kennen lernen.

Opa angelte wieder, Oma schwamm,
ich erkundete die Gegend. Es war meine
Verpflichtung, denn ich hatte den beiden
ja mein Wort gegeben. Und weil ich ein
korrekter Enkelsohn bin, machte ich mich
auch gleich daran, das zweite Versprechen
einzulösen: Kinder kennen lernen.

Milena Baisch

2 Finde und korrigiere die Fehler.

a) Streiche die Fehlerstelle in den markierten Wörtern an.

Die Mision war lecherlich.
In meinem normalen Lebn wäre
ich nimals losgezogen, um Kinder
kennen zu lenen. Die gap
es doch haufenweise im Nez, kaum
jemant hatte so viele Tschät-
freunde wie ich. aber das
Leben kann Manchmal ein
verreter sein, und nun war ich
hir, in einem Loch im Nirg-
endwo, und muste
Kinder suchen.

b) Schreibe die richtigen Wörter mithilfe der Strategien.

Die ____________ war ____________.
In meinem normalen ____________ wäre
ich ____________ losgezogen, um Kinder
____________________. Die ________
es doch haufenweise im ________, kaum
____________ hatte so viele ____________
____________ wie ich. ________ das
Leben kann ____________ ein
____________ sein, und nun war ich
________, in einem Loch im ________
____________, und ____________
Kinder suchen.

Verschiedene Gedichtarten erkennen

36

1 Verbinde die Baupläne mit den richtigen Gedichtarten.

1. Zeile: 1 Wort
2. Zeile: 2 Wörter
3. Zeile: 3 Wörter
4. Zeile: 4 Wörter
5. Zeile: 1 Wort

Ein Gedicht mit insgesamt 17 Silben.
Wichtig ist die Anzahl der Silben pro Zeile.
1. Zeile: 5 Silben
2. Zeile: 7 Silben
3. Zeile: 5 Silben

Schneeballgedicht | Haiku | Reimgedicht | Elfchen | Rondell

Vers-Enden reimen sich.
Beispiel:
a a b b
a b a b

ein Gedicht mit acht Zeilen, ohne Reim, aber mit regelmäßig wiederkehrenden Versen

Wichtig ist in diesem Gedicht die wachsende Anzahl der Buchstaben in jeder Zeile.
1. Zeile: 1 Buchstabe
2. Zeile: 2 Buchstaben
3. Zeile: 3 Buchstaben
…

2 Schreibe den Bauplan für diese Gedichtstrophe auf.

Es war einmal ein schlauer Mann,
der lernte stets, so viel er kann.
Denn eines wusste er genau:
Nur Bildung macht Gescheite schlau.

Sean-Andrew Kollak

Sich in eine Person hineinversetzen

1 Lies den Text und versuche dich in Jule hineinzuversetzen.

… „Mama“, brüllte Jule. „Affi stoppt schon wieder meine Klozeit!“
Als keine Antwort kam, stampfte Jule wütend aus dem Zimmer. …
Jule stürmte durchs Haus und suchte nach einem Erwachsenen. Sie marschierte ins Wohnzimmer, aber Mama hatte ihre Nase mal wieder in ihrem Lieblingsstück von Shakespeare. „Gönnt mir noch fünf Minuten, Euer Hochwohlgeboren“, sagte Mama, „dann leihe ich Euch mein Ohr …, ich meine, dann hör ich dir zu, Schatz.“
Jule verdrehte die Augen und machte sich auf die Suche nach Papa. Papa stand in der Waschküche und bastelte an einem Vulkanmodell. In diesem Zustand konnte man ihn unmöglich dazu bringen, über etwas anderes zu sprechen als über Lava, Asche oder Explosionen. Jule runzelte die Stirn und hielt als Nächstes Ausschau nach Nana.
Nana wohnte in der Omawohnung hinten im Garten, aber als Jule dort ankam, fand sie nur einen an die Tür geklebten Zettel vor: Bin zum Bastelkreis. Diese Woche: „Topflappen kreativ geknüpft“ Jule fuhr schnaubend herum. …

Marianne Musgrove

2 Was passiert mit Jule im Laufe des Textes?

3 Markiere alle Ausdrücke, die den Zustand von Jules Gefühlen beschreiben.

4 Notiere in Stichworten, was du an Jules Stelle jetzt tun würdest.

Einen Werbetext lesen und verfassen

50

1 Lies den Werbetext für die Einbau-Mutter aufmerksam durch.

Der Hit der Saison!
Die EINBAU-MUTTER

Wir führen diverse Produkte in Spitzenqualität.
Die Einbau-Mutter kann sich nicht vom Fleck rühren,
ist daher immer vorhanden und einsatzbereit.
Sie hat drei stabile Arbeitsflächen.
Ihre Abdeckplatte gibt es in diversen hübschen Designs.
Jede Einbau-Mutter ist mit einem Thermostat ausgestattet,
sie wird nicht mehr wutheiß oder zornkalt.
Die Einbau-Mutter hat vier handliche, unauffällige
Bedienungsknöpfe und eine Zwanzig-Jahres-Garantie.
Zugreifen, solange der Vorrat reicht!
Alte Mütter werden gegen 20 % Rabatt zurückgenommen.

Christine Nöstlinger

2 Nenne Vorteile und Nachteile der Einbau-Mutter.

3 Schreibe einen eigenen Werbetext für den Hausaufgaben-Automaten.

4 Erfinde weitere Produkte, die deinen Alltag erleichtern würden.

Einsterns Schwester 4

Arbeitsheft

Herausgegeben von: Roland Bauer, Jutta Maurach

Erarbeitet von: Katrin Baudendistel, Daniela Dreier-Kuzuhara, Wiebke Gerstenmaier, Sonja Grimm Annette Schumpp, Jutta Sorg

Redaktion: Kirsten Pauli

Illustration: Yo Rühmer

Bildredaktion: Janin Hacker

Umschlaggestaltung: klein & halm, Berlin

Layout und technische Umsetzung: lernsatz.de

www.cornelsen.de

1. Auflage, 1. Druck 2012

Alle Drucke dieser Auflage sind inhaltlich unverändert und können im Unterricht nebeneinander verwendet werden.

Druck: Stürtz GmbH, Würzburg

ISBN 978-3-06-080148-0
ISBN 978-3-06-082230-0 (Einsterns Schwester 4 Arbeitsheft mit Lösungen)

Inhalt gedruckt auf säurefreiem Papier aus nachhaltiger Forstwirtschaft.